निशा निमंत्रण

निशा-निमंत्रण

हरिवंशराय 'बच्चन'

चित्रांकन

के. के. हेब्बार

राजपाल

इस पुस्तक का पहला और दूसरा संस्करण सुषमा निकुंज, तीसरा, चौथा, पाँचवाँ संस्करण भारती भंडार और छठा संस्करण सेंट्रल बुक डिपो, प्रयाग से प्रकाशित हुआ था

स्थापित 1912
100 वर्षों की श्रेष्ठ प्रकाशन परम्परा
राजपाल

₹ 225

ISBN : 9788170287025

छब्बीसवाँ संस्करण : 2023

NISHA-NIMANTRAN (Poetry) by Harivanshrai Bachchan

मुद्रक : जी.एस. ऑफसेट, दिल्ली

राजपाल एण्ड सन्ज़

1590, मदरसा रोड, कश्मीरी गेट, दिल्ली-110006

फोन : 011-23869812, 23865483, 23867791

website : www.rajpalpublishing.com

e-mail : sales@rajpalpublishing.com

www.facebook.com/rajpalandsons

अपने पाठकों से
(सातवें संस्करण से)

'निशा-निमंत्रण' का सातवाँ संस्करण प्रकाशित होने जा रहा है और मुझे इस बात की बड़ी प्रसन्नता है। नया संस्करण इस बात का सबूत है कि लोग मेरी रचना को आज भी खरीदना चाहते हैं, पढ़ना चाहते हैं और उसका आनन्द लेना चाहते हैं। किसी भी रचना के प्रचार में प्रायः उसके पाठकों का ही विशेष हाथ होता है। इस कारण मैं इस अवसर पर 'निशा-निमंत्रण' के पिछले छः संस्करणों के पाठकों को धन्यवाद देता हूँ जिन्होंने स्वयं इस रचना का रस लेकर अपने परिचितों और मित्रों को इसे पढ़ने के लिए प्रेरित और प्रोत्साहित किया है। 'निशा-निमंत्रण' के नये पाठकों को इन लगभग बीस हज़ार प्रतियों के बड़े संयत अनुमान से भी, चालीस-पचास हज़ार पाठकों की रुचि का विश्वास हो तो यह स्वाभाविक बात होगी।

कभी-कभी मैं सोचता हूँ कि मैंने अपने पाठकों के ऊपर भारी बोझ डाला है। उनके सामने अपनी कविताएँ रख दी हैं और उनके बारे में मैंने कुछ भी नही बताया। उन्हें जो कुछ भी जानने की जिज्ञासा हुई है उसे उन्होंने मेरी पंक्तियों के अन्दर ही देखने-खोजने का प्रयत्न किया है। कभी उनका अनुमान गलत हुआ है—कभी सही। बात को ठीक-ठीक जानने की कामना से कुछ लोगों ने मुझे पत्र भी लिखे हैं और मैंने उनका समाधान करने के लिए यथोचित उत्तर दिए हैं—इन मामलों में ठीक बताने की भी सीमाएँ हैं। लेकिन ज्यादातर पाठकों ने अपनी ग्राह्यता—और इसके अनेक स्तर होते हैं—और मेरी पंक्तियों की क्षमता के बीच किसी प्रकार का सामंजस्य स्थापित कर अपने को सन्तुष्ट कर लिया है। कविता जब कवि की लेखनी से निकल गई तो उसका अपना अस्तित्व हो जाता है और पाठक से अपना सम्बन्ध स्थापित करने के लिए उसे किसी समालोचक, व्याख्याता,

यहाँ तक कि स्वयं कवि का भी मुहताज नहीं होना चाहिए। कुछ इसी प्रकार के विचारों ने मुझे चुप रक्खा है।

जहाँ तक कविता से रस अथवा आनन्द पाने का सम्बन्ध है, मैं अब भी समझता हूँ उसका प्रतिपादन कविता के बाहर से नहीं किया जा सकता। उसे तो कविता के अन्दर से ही लेना होगा। यदि इस रस अथवा आनन्द के स्रोत की खोज खुद की जाए तो उसमें कुछ विशेषता, कुछ विचित्रता और जुड़ती है। मेरी रचना उस रस का आभास अथवा संकेत कैसे देती है कि आप उसकी ओर आकर्षित होते हैं, इसे मैं स्वयं नहीं जानता।

यहाँ मैं कुछ ऐसी बातें बताने जा रहा हूँ जिनके विषय में प्रायः मेरे पाठकों की जिज्ञासा रही है, गो विशुद्ध काव्यानन्द से इन बातों का केवल दूरी का सम्बन्ध रह सकता है।

महात्मा गाँधी का सत्याग्रह आन्दोलन 1930 में आरम्भ हुआ। उस समय मैं एम. ए. में पढ़ रहा था। मैंने यूनिवर्सिटी छोड़ दी। कुछ दिन तो चर्खा कातने, नमक बनाने, खद्दर बेचने, स्कूल-कॉलेजों में पिकेटिंग करने, गाँवों में जाकर व्याख्यान देने, शहर में सभाओं में बैठकर नेताओं की तकरीरें सुनने और लम्बे-लम्बे जुलूस बनाकर नारे लगाने में बीत गए। बाला-बाला क्रान्तिकारियों से भी सम्पर्क रहा। आन्दोलन ठण्डा पड़ा तो मैंने अपने आपको जग और जीवन के समक्ष पाया—संघर्ष में घँसा, समस्याओं से उलझा, अनुभवों में डूबता-उतराता। भावनाएँ मुखरित होने लगीं। एक दिन मैंने अपनी डायरी में लिखा—क्या मैं कवि हूँ?

'रुबाइयात उमर खैयाम' से मेरा परिचय तो पुराना था पर अब वह मेरी परम प्रिय पुस्तक हो गई थी। रात को मेरे तकिए के नीचे रहती, दिन को मेरी जेब में। अपने ऊपर खैयाम के प्रभाव को मैंने इन पक्तियों में स्वीकार किया है :

तुम्हारी मदिरा से अभिषिक्त
हुए थे जिस दिन मेरे प्राण
उसी दिन मेरे मुख की बात
हुई थी अंतरतम की तान

(आरती और अंगारे)

मैंने 'रुबाइयात उमर खैयाम' का अनुवाद कर डाला। खैयाम की दुनिया की रंगीनी ने मुझे इतना मोह लिया कि अपनी भावनाओं को व्यक्त करने के लिए भी मुझे सबसे उपयुक्त प्रतीक वे ही जान पड़े जिनकी ओर खैयाम ने संकेत किया था—हाला, प्याला, मधुशाला और मुधबाला।

1933-'34 में मैंने 'मधुशाला' लिखी।

1934-'35 में मैंने 'मधुबाला' लिखी।

हर तूफान मन्द पड़ता है, हर नशा उतरता है। मेरी भावनाओं ने तीव्रतम स्थिति छू ली थी। वहाँ पर ज्यादा देर टिका रहना असम्भव था। जीवन का पहिया घूम गया–

गिर-गिर टूटे घट-प्याले,
बुझ दीप गए सब क्षण में,
सब चले किए सिर नीचे
ले अरमानों की झोली।
गूँजी मदिरालय भर में
लो चलो-चलो की बोली।

(मधुबाला)

अब वे मेरे गान कहाँ हैं!
टूट गई मरकत की प्याली,
लुप्त हुई मदिरा की लाली,
मेरा व्याकुल मन बहलानेवाले अब सामान कहाँ हैं?

(निशा-निमंत्रण)

और उल्लास की चोटी से अवसाद के गह्वर में गिरकर मैंने 'हलाहल', 'मरघट' और 'अतीत का गीत' की प्रतिध्वनि से अपने को व्यक्त करना चाहा। ('हलाहल-पुस्तक–रूप में प्रकाशित हो चुका है। 'मरघट' और 'अतीत का गीत' दीमकों की जूठन के रूप में मेरे कागज-पत्रों में कहीं पड़े हैं।)

नियति का व्यंग्य कि जब मधुशाला टूट चुकी है और मधु का प्याला फूट चुका तब मुझसे मधु के गीत लिखने की कैफियत माँगी जाने लगी और क्षय के रोग में पड़े हुए मैंने इस प्रकार उत्तर दिया :

एक दिन मैंने लिया था काल से कुछ श्वास का ऋण,
आज भी उसको चुकाता, ले रहा वह क्रूर गिन-गिन;
ब्याज में मुझसे उगाहा है हृदय का गान उसने,
किंतु होने में उऋण अब शेष केवल और दो दिन;
गिर पड़ूंगा तान चादर सर्वथा निश्चिंत होकर,
भूलकर जग ने किया किस-किस तरह अपमान मेरा।

× × ×

क्या किया मैंने, नहीं जो कर चुका संसार अब तक?
वृद्ध जग को क्यों अखरती है क्षणिक मेरी जवानी?

× × ×

हैं लिखे मधुगीत मैंने ही खड़े जीवन-समर में।

(मधुकलश)

लेकिन नियति का व्यंग्य अभी पूरा नहीं हुआ था। मरण की प्रतीक्षा में मैं था। जीवन के पार क्या होगा, इसकी चिन्ता मुझे थी—इस पार, प्रिये, मधु है, तुम हो, उस पार न जाने क्या होगा?—पर नियति को तो मरण से भी अधिक भयंकर एकाकीपन मेरे जीवन में लाना था।

न झिझका औ' न हुआ भयभीत
न भागा ही लेकर के प्राण,
दिखा जब मुझको आता काल
कफन का ले हाथों में थान;

बढ़ाया पट जब मेरी ओर,
उठा, तैयार हुआ तत्काल,
निकट जो मेरे थे वरदान
दिया, पर, उसने उन पर डाल।

(हलाहल)

मेरी पत्नी श्यामा बीमार हो गई और दो सौ सोलह दिन चारपाई पर पड़ी रहकर, हमारे बचाने के सारे उपायों को विफल कर, उस पार चली गई। 'गुलहजारा' कविता की इन पंक्तियाँ में,

मृत्यु शैया पर पड़े अति
रुग्ण की अंतिम हँसी-सी,
यत्न करके लिख रही है,
एक लघु कलिका निराली।

(मधुकलश)

उसी का एक चित्र है :

उठा करता था मन में प्रश्न
कि जाने क्या होगा उस पार
निवारण करने में संदेह
मजहबी पोथे थे बेकार

चले तुम, पूछा, हैं! किस ओर!
कहा बस तुमने एक जबान

तुम्हें थी जिसकी खोज-तलाश,
उसी का करने अनुसन्धान।

(हलाहल)

मेरा 'इस पार-उस पार' गीत बहुत लोकप्रिय हुआ। शायद आज भी है, पर उसके पीछे जो दर्शन है, उसका अनुभव उन लोगों को नहीं होता जो मुझसे बार-बार इस गीत को सुनाने का अनुरोध करते हैं। कई लोगों ने इस कविता की पैरोडियाँ भी लिखी हैं। नियति ने मेरे साथ इतना बड़ा व्यंग्य किया था कि इन नटखट पैरोडियों पर दुखी होने के बजाय मैं मुस्करा दिया हूँ।

अन्त का इतना था विश्वास
विदा का लिख डाला था गीत,
कलेजे को हाथों से थाम
सुना करते थे मन के गीत;
गए थे वे तज मेरा साथ
मगर वह गीत लगा है संग,
ध्वनित हो बहु कण्ठों से आज,
किया करता है मुझ पर व्यंग्य।

(हलाहल)

1930 के अन्त से जो संघर्ष मेरे जीवन में आरम्भ हुआ था उसकी चरम स्थिति 1936 के अन्त में श्यामा के देहावसान में पहुँची।

सत्य मिटा, सपना भी टूटा।

(निशा—निमंत्रण)

लेकिन मैं अभी टूटा नहीं था। मैंने अपने जीवन से खेल किया था। मैंने जीवन के क्रम में विशृंखल किया था। जो कड़ी मैंने एक दिन झटके से तोड़ दी थी, उसे फिर से पकड़ने का मैंने निश्चय किया। एम.ए. की पढ़ाई पूरी करने के लिए मैंने फिर से युनिवर्सिटी में नाम लिखा लिया। यह भी सोचा था कि इस प्रकार मैं अपनी दुःखद स्मृतियों की भुलावा दे सकूँगा। एक वर्ष तक कविता की पंक्ति तक भी न लिखी। शायद मेरे महाशोक से मुझे काठ-सा मार गया था या मेरे आँसू अभी पिघले न थे कि निकलें। दुःखद स्मृतियों को इतनी सरलता से झुठलाना सम्भव नहीं। 1937 के अन्त में इधर तो मेरी परीक्षा निकट आने लगी और उधर मेरे भीतर कुछ विवश करने लगा कि मैं अपने को अभिव्यक्ति दूँ। यह 'निशा-निमंत्रण' के गीतों की पृष्ठभूमि है।

जो मेरी 'मधुबाला' और 'मधुशाला' से परिचित होकर 'निशा-निमंत्रण' के गीतों को पढ़ेंगे, वे सहज ही देखेंगे कि मेरी शब्द-योजना, मेरे छन्द, मेरे रूपक—एक शब्द में—मेरी शैली में, कितना परिवर्तन आ गया है। कहाँ—

पग-पायल की झनकार हुई,
पीने को एक पुकार हुई।

और कहाँ—

हमें छोड़कर चली गई, लो, दिन की मौन संगिनी छाया।

अंग्रेज़ी में एक कहावत है—स्टाइल इज द मैन—जैसा जो आदमी, वैसी उसकी शैली। मेरा जीवन बदल गया था। मेरी शैली बदल गई। शुरू-शुरू में कुछ भोले लोगों ने पूछा था, अब आप पहले जैसे गीत क्यों नहीं लिखते? मेरा उत्तर था, अब मैं पहले जैसा आदमी नहीं रहा।

एक प्रश्न मुझसे बहुत बार पूछा गया है—इन गीतों में यह 'साथी' कौन है?

'साथी, अंत दिवस का आया।'
'साथी, नया वर्ष आया है।'
'साथी, सो न, कर कुछ बात।' आदि-आदि

मैं आपको सचेत करना चाहूँगा कि इसे यदि रूढ़ अर्थ में लेंगे या इसके पीछे किसी व्यक्ति-विशेष की खोज करेंगे तो आप गलती करेंगे। यदि आप मेरी राय मानें तो मैं आपसे कहना चाहूँगा कि 'साथी' आप अपने को ही समझ लें। साथी वही तो है जिसे मैंने अपनी कथा-व्यथा कहने के लिए सम्बोधित किया है।

कविता की प्रजा दो प्रकार की होती है। एक वह, जो कविता को बौद्धिक संवेदन देती है, उससे तटस्थ रहती है, उसे कौतूहल की दृष्टि से देखती है। दूसरी वह, जो उसे हार्दिक सहानुभूति देती है, उसकी भावधारा में बहती है, उसे अपने प्राणों में रसा-बसा लेती है। आपको अपनी अभिव्यक्ति का अंग बनाकर मैं केवल अपनी रुचि बतलाना चाहता हूँ कि मुझे कविता की किस प्रकार की प्रजा पसन्द है।

कविता किससे कैसी प्रतिक्रिया कराती है, यह बहुत-कुछ कविता के आन्तरिक गुणों पर भी निर्भर है और इस विषय में मुझे मुँह नहीं खोलना चाहिए।

इन गीतों को आप कितना अपनाते हैं, इनमें कितना अपने को पाते हैं, यह तो इन्हें गाकर ही आप जान सकेंगे।

—बच्चन

स्वर्गीया श्यामा को

क्रम

निशा निमंत्रण

दिन जल्दी-जल्दी ढलता है !

हो जाय न पथ में रात कहीं,
मंज़िल भी तो है दूर नहीं—
सोच थका दिन का पंथी भी जल्दी-जल्दी चलता है!
दिन जल्दी-जल्दी ढलता है!

बच्चे प्रत्याशा में होंगे,
नीड़ों से झांक रहे होंगे—
ध्यान परों में चिड़ियों के भरता कितनी चंचलता है!
दिन जल्दी-जल्दी ढलता है!

मुझसे मिलने को कौन विकल?
मैं होऊँ किसके हित चंचल?—
प्रश्न शिथिल करता पद को, भरता उर में विह्वलता है!
दिल जल्द-जल्दी ढलता है!

साथी, साँझ लगी अब होने !

फैलाया था जिन्हें गगन में,
विस्तृत वसुधा के कण-कण में,
उन किरणों को अस्ताचल पर पहुँच लगा है सूर्य सँजोने!
साथी, साँझ लगी अब होने!

खेल रही थी धूलि कणों में,
लोट-लिपट गृह-तरु-चरणों में,
वह छाया, देखो जाती है प्राची में अपने को खोने!
साथी, साँझ लगी अब होने!

मिट्टी से था जिन्हें बनाया,
फूलों से था जिन्हें सजाया,
खेल-घरौंदे छोड़ पथों पर चले गए हैं बच्चे सोने!
साथी, साँझ लगी अब होने!

साथी, अन्त दिवस का आया !

तरु पर लौट रहे हैं नभचर,
लौट रहीं नौकाएँ तट पर
पश्चिम की गोदी में रवि की श्रान्त किरण ने आश्रय पाया!
साथी, अन्त दिवस का आया!

रवि-रजनी का आलिंगन है
संध्या स्नेह-मिलन का क्षण है,
कांत-प्रतीक्षा में गृहिणी ने, देखो, घर-घर दीप जलाया!
साथी, अन्त दिवस का आया।

जग के विस्तृत अंधकार में,
जीवन के शत-शत विचार में,
हमें छोड़कर चली गई, लो, दिन की मौन संगिनी छाया!
साथी, अन्त दिवस का आया!

संध्या सिंदूर लुटाती है!

रँगती स्वर्णिम रज से सुन्दर,
निज नीड़-अधीर खगों के पर,
तरुओं की डाली-डाली में कंचन के पात लगाती है!
संध्या सिंदूर लुटाती है!

करती सरिता का जल पीला,
जो था पल भर पहले नीला,
नावों के पालों को सोने की चादर-सा चमकाती है!
संध्या सिंदूर लुटाती है!

उपहार हमें भी मिलता है,
श्रृंगार हमें भी मिलता है,
आंसू की बूंद कपोलों पर शोणित की-सी बन बन जाती है!
संध्या सिंदूर लुटाती है!

बीत चली संध्या की वेला !

धुँधली प्रति पल पड़नेवाली
एक रेख में सिमटी लाली
कहती है, समाप्त होता है सतरंगे बादल का मेला।
बीत चली संध्या की वेला!

नभ में कुछ द्युतिहीन सितारे
माँग रहे हैं हाथ पसारे–
'रजनी आए, रवि किरणों से हमने है दिनभर दुख झेला'!
बीत चली संध्या की वेला!

अंतरिक्ष में आकुल-आतुर,
कभी इधर उड़, कभी उधर उड़,
पथ नीड़ का खोज रहा है पिछड़ा पंछी एक–अकेला!
बीत चली संध्या की वेला!

चल बसी संध्या गगन से !

क्षितिज ने ली साँस गहरी
और संध्या की सुनहरी
छोड़ दी सारी, अभी तक था जिसे थामे लगन से!
चल बसी संध्या गगन से!

हिल उठे तरु पत्र सहसा,
शांति फिर सर्वत्र सहसा,
छा गई, जैसे प्रकृति ने ली विदा दिन के पवन से?
चल बसी संध्या गगन से!

बुलबुलों ने पाटलों से,
षट्पदों ने शतदलों से
कुछ कहा—यह देख मेरे गिर पड़े आँसू नयन से।
चल बसी संध्या गगन से!

उदित संध्या का सितारा !

थी जहाँ पल-पूर्व लाली,
रह गई कुछ रेख काली,
अब दिवाकर का गया मिट तेज सारा, ओज सारा!
उदित संध्या का सितारा!

शोर स्यारों ने मचाया,
(अंधकार) हुआ—बताया,
रात के प्रहरी उलूकों ने उठाया स्वर-कुठारा!
उदित संध्या का सितारा!

काटती थी धार दिनभर,
पाँव जिसके तेज चलकर,
चौंकना मत, अब गिरेगा टूट दरिया का कगारा।
उदित संध्या का सितारा!

अंधकार बढ़ता जाता है !

मिटता अब तरु-तरु में अंतर,
तम की चादर हर तरुवर पर,
केवल ताड़ अलग हो सबसे अपनी सत्ता बतलाता है।
अंधकार बढ़ता जाता है!

दिखलाई देता कुछ-कुछ मग,
जिस पर शंकित हो चलते पग,
दूरी पर जो चीजें उनमें केवल दीप नजर आता है।
अंधकार बढ़ता जाता है!

डर न लगे सुनसान सड़क पर,
इसीलिए कुछ ऊँचा कर स्वर
विलग साथियों से हो कोई पथिक, सुनो, गाता आता है।
अंधकार बढ़ता जाता है!

अब निशा नभ से उतरती !

देख, है गति मंद कितनी,
पास यद्यपि दीप्ति इतनी।
क्या सबों को जो डराती वह किसी से आप डरती?
अब निशा नभ से उतरती!

थी किरण अगणित बिछी जब,
पथ न सूझा! गति कहाँ अब?
कुछ दिखाता दीप अंबर, कुछ दिखाती दीप धरती!
अब निशा नभ से उतरती!

था उजाला जब गगन में,
था अँधेरा ही नयन में,
रात आती है हृदय में भी तिमिर-अवसाद भरती!
अब निशा नभ से उतरती!

तुम तूफान समझ पाओगे ?

गीले बादल, पीले रजकण,
सूखे पँत्ते, रूखे तृण घन
लेकर चलता करता 'हरहर'—इसका गान समझ पाओगे?
तुम तूफान समझ पाओगे?

गंध-भरा यह मंद पवन था,
लहराता इससे मधुवन था,
सहसा इसका टूट गया जो स्वप्न महान्, समझ पाओगे?
तुम तूफान समझ पाओगे?

तोड़-मरोड़ विटप-लतिकाएँ,
नोच-खसोट कुसुम—कलिकाएँ,
जाता है अज्ञात दिशा को! हटो विहंगम, उड़ जाओगे!
तुम तूफान समझ पाओगे?

प्रबल झँझावात, साथी !

देह पर अधिकार हारे,
विवशता से पर पसारे,
करुण रव-रत पक्षियों की आ रही है पाँत, साथी!
प्रबल झँझावात, साथी!

शब्द 'हरहर' शब्द 'मरमर'–
तरु गिरे जड़ से उखड़कर,
उड़ गए छत और छप्पर, मच गया उत्पात, साथी!
प्रबल झंझावात, साथी!

हँस रहा संसार खग पर
कह रहा जो आह भर-भर–
'लुट गए मेरे सलोने नीड़ के तृण-पात!' साथी!
प्रबल झँझावात, साथी!

है यह पतझड़ की शाम, सखे !

नीलम-से पल्लव टूट गए,
मरकत-से साथी छूट गए,
अटके फिर भी दो पीत पात जीवन—डाली को थाम, सखे!
है यह पतझड़ की शाम, सखे!

लुक-छिप करके गानेवाली,
मानव से शरमानेवाली,
कू—कू क़र कोयल माँग रही नूतन घूँघट अविराम, सखे!
है यह पतझड़ की शाम, सखे!

नंगी डालों पर नीड़ सघन
नीड़ों में है कुछ-कुछ कँपन,
मत देख, नजर लग जाएगी, यह चिड़ियों के सुखधाम, सखे!
है यह पतझड़ की शाम, सखे!

यह पावस की साँझ रँगीली !

फैला अपने हाथ सुनहले,
रवि, मानो जाने से पहले,
लुटा रहा है बादल-दल में अपनी निधि कंचन—चमकीली!
यह पावस की साँझ रँगीली!

घिरे घनों से पूर्व गगन में,
आशाओं-सी मुर्दा मन में
जाग उठी सहसा रेखाएँ—लाल, बैंगनी, पीली, नीली!
यह पावस की साँझ रँगीली।

इंद्रधनुष की आभा सुन्दर
साथ खड़े हो इसी जगह पर
थी देखी उसने औ' मैंने—सोच इसे अब आँखें गीली!
यह पावस की साँझ रँगीली!

दीपक पर परवाने आए !

अपने पर फड़काते आए,
किरणों पर बल खाते आए,
बड़ी-बड़ी इच्छाएँ लाए, बड़ी-बड़ी आशाएँ लाए!
दीपक पर परवाने आए!

जले ज्वलित आलिंगन में कुछ,
जले अग्निमय चुंबन में कुछ,
रहे अधजले, रहे दूर कुछ, किन्तु न वापिस जाने पाए!
दीपक पर परवाने आए!

पहुँच गई बिस्तुइया सत्वर
लिए उदर की ज्वाल भयंकर,
बचे प्रणय की ज्वाला से जो, उदर-ज्वाल के बीच समाए!
दीपक पर परवाने आए!

वायु बहती शीत-निष्ठुर !

ताप-जीवन-श्वास वाली,
मृत्यु-हिम-उच्छ्वास वाली!
क्या जला, जलकर बुझा, ठण्डा हुआ फिर प्रकृति का उर?
वायु बहती शीत-निष्ठुर!

पड़ गया पाला धरा पर,
तृण, लता तरु-दल ठिठुरकर
हो गए निर्जीव से—यह देख मेरा उर भयातुर!
वायु बहती शीत-निष्ठुर!

थी न सब दिन त्रासदाता
वायु ऐसी—यह बताता
एक जोड़ी पेड़की का डाल पर बैठा सिकुड़—जुड़
वायु बहती शीत-निष्ठुर

गिरजे से घंटे की टन-टन !

मंदिर से शंखों की तानें,
मस्जिद से पाबंद अजानें,
उठकर नित्य किया करती हैं अपने भक्तों का आवाहन!
गिरजे से घंटे की टन-टन!

मेरा मंदिर था, प्रतिमा थी,
मन में पूजा की महिमा थी,
किन्तु निरभ्र गगन से गिरकर वज्र गया कर सबका खंडन!
गिरजे से घंटे की टन-टन!

जब ये पावन ध्वनियाँ आतीं,
शीश झुकाने दुनिया जाती,
अपने से पूछा करता तब, करूँ कहाँ मैं, किसका पूजन?
गिरजे से घंटे की टन-टन!

अब निशा देती निमंत्रण !

महल इसका तम—विनिर्मित,
ज्वलित इसमें दीप अगणित,
द्वार निद्रा के सजे हैं स्वप्न से शोभन-अशोभन!
अब निशा देती निमंत्रण!

भूत-भावी इस जगह पर
वर्तमान-समान होकर
सामने हैं देश-काल-समाज के तज सब नियंत्रण!
अब निशा देती निमंत्रण!

सत्य कर सपने असंभव—
पर, ठहर, नादान मानव!—
हो रहा है साथ में तेरे बड़ा भारी प्रवंचन!
अब निशा देती निमंत्रण!

स्वप्न भी छल, जागरण भी!

भूत केवल जल्पना है,
औ' भविष्यत् कल्पना है,
वर्तमान लकीर भ्रम की! और है चौथी शरण भी!
स्वप्न भी छल, जागरण भी!

मनुज के अधिकार कैसे!
हम यहाँ लाचार ऐसे,
कर नहीं इन्कार सकते, कर नहीं सकते वरण भी!
स्वप्न भी छल, जागरण भी!

जानता यह भी नहीं मन—
कौन मेरी थाम गर्दन
है विवश करता कि कह दूँ, व्यर्थ जीवन भी, मरण भी!
स्वप्न भी छल, जागरण भी!

आ, सोने से पहले गा लें !

जग में प्रातः पुनः आएगा,
सोया जाग नहीं पाएगा,
आँख मूँद लेने से पहले, आ, जो कुछ कहना कह डालें?
आ, सोने से पहले गा लें!

दिन में पथ पर उजियाला,
फैली थी किरणों की माला;
अब अँधियाला देश मिला है, आ, रागों का दीप जला लें!
आ, सोने से पहले गा लें!

काल, प्रहारों से उच्छृंखल
जीवन की लड़ियाँ विशृंखल
इन्हें जोड़ने को, आ, अपने गीतों की हम गाँठ लगा लें!
आ, सोने से पहले गा लें!

तम ने जीवन-तरु को घेरा !

टूट गिरीं इच्छा की कलियाँ,
अभिलाषा की कच्ची फलियाँ,
शेष रहा जुगनू की लौ में आशामय उजियाला मेरा।
तम ने जीवन-तरु को घेरा!

पल्लव-मरमर गान कहाँ अब!
कोकिल—पंचम तान कहाँ अब!
कौन गया निश्चय से सोने, देखेगा फिर जाग सबेरा?
तम ने जीवन-तरु को घेरा!

सपनों ने ही मुझको लूटा,
सपनों का ही मोह न छूटा,
मेरे नीड़—नयन में आओ, कर लो, प्रेयसि, रैन—बसेरा!
तम ने जीवन-तरु को घेरा!

दीप अभी जलने दे, भाई !

निद्रा की मादक मदिरा पी,
सुख सपनों से बहलाकर जी,
रात्रि-गोद में जग सोया है, पलक नहीं मेरी लग पाई।
दीप अभी जलने दे, भाई!

आज पड़ा हूँ मैं बनकर शव,
जीवन में जड़ता का अनुभव,
किसी प्रतीक्षा की सुधि से ये पागल आँखें हैं पथराईं!
दीप अभी जलने दे, भाई!

दीपशिखा में झिलमिल-झिलमिल
प्रति पल धीमे-धीमे हिल-हिल,
जीवन का आभास दिलाती कुछ मेरी–तेरी परछाईं!
दीप अभी जलने दे, भाई!

आ, तेरे उर में छिप जाऊँ !

मिल न सका स्वर जग क्रन्दन का
और मधुर मेरे गायन का,
आ तेरे उर की धड़कन से अपनी धड़कन आज मिलाऊँ?
आ, तेरे उर में छिप जाऊँ!

जिसे सुनाने को अति आतुर–
आकुल युग-युग से मेरा उर,
एक गीत अपने सपनों का, आ, तेरी पलकों पर गाऊँ!
आ, तेरे उर में छिप जाऊँ!

फिर न पड़े जगती में गाना,
फिर न पड़े जगती में जाना,
एक बार तेरी गोदी में सोकर फिर मैं जाग न पाऊँ!
आ, तेरी उर में छिप जाऊँ!

आओ, सो जाएँ, मर जाएँ !

स्वप्न-लोक से हम निर्वासित,
कब से गृह-सुख को लालायित,
आओ निद्रा-पथ से छिपकर हम अपने घर जाएँ!
आओ , सो जाएँ , मर जाएँ!

मौन रहो, मुख से मत बोलो,
सपना यह मुधकोष न खोलो,
भय है कहीं हृदय के मेरे घाव न ये भर जाएँ!
आओ , सो जाएँ , मर जाएँ!

आँसू भी न बहाएँगे हम,
जग से क्या ले जाएँगे हम–
यदि निर्धन के अंतिम धन ये जल-कण भी झर जाएँ!
आओ , सो जाएँ , मर जाएँ!

कोई पार नदी के गाता

भंग निशा की नीरवता कर,
इस देहाती गाने का स्वर,
ककड़ी के खेतों से उठकर, आता जमुना पर लहराता?
कोई पार नदी के गाता!

होंगे भाई-बंधु निकट ही,
कभी सोचते होंगे यह भी,
इस तट पर भी बैठा कोई उसकी तानों से सुख पाता!
कोई पार नदी के गाता!

आज न जाने क्यों होता मन,
सुनकर यह एकाकी गायन,
सदा इसे मैं सुनता रहता, सदा इसे यह गाता रहता!
कोई पार नदी के गाता!

हो मधुर सपना तुम्हारा !

पलक पर यह स्नेह-चुंबन
पोंछ दे सब अश्रु के कण,
नींद की मदिरा पिलाकर दे भुला जग-क्रूर-कारा!
हो मधुर सपना तुम्हारा!

दे दिखाई विश्व ऐसा,
है रचा विधि ने न जैसा,
दूर जिससे हो गया है बहिर्-अंतर्द्वंद्व सारा!
हो मधुर सपना तुम्हारा!

कंठ में हो गान ऐसा,
था सुना जग ने न जैसा,
और स्वर से स्वर मिलाकर गा रहा हो विश्व सारा!
हो मधुर सपना तुम्हारा!

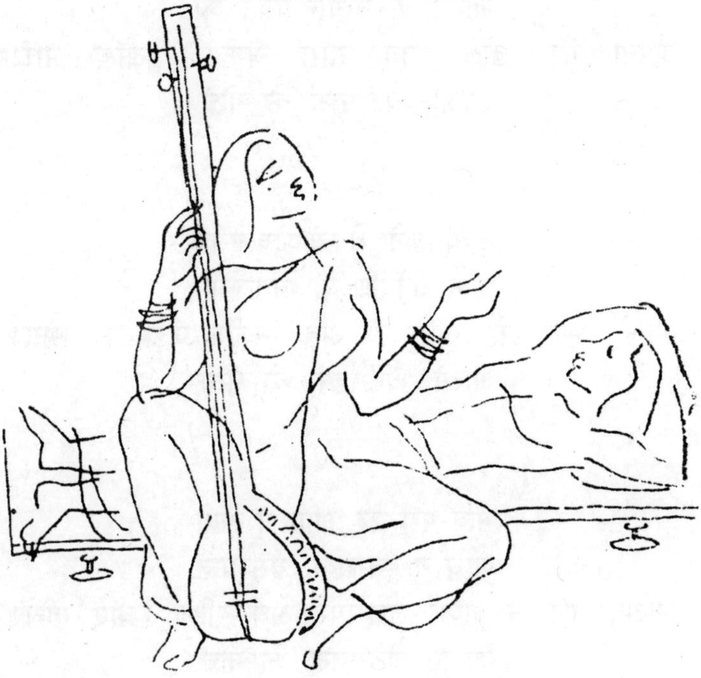

आओ, बैठें तरु के नीचे !

कहने को गाथा जीवन की,
जीवन के उत्थान-पतन की,
अपना मुँह खोलें, जब सारा जग है आँखें मींचे!
आओ, बैठें तरु के नीचे।

अर्घ्य बने थे ये देवल के,
अंक चढ़े थे ये, अंचल के,
आओ, भूल इसे, आँसू से अब निर्जीव जड़ों को सींचे?
आओ, बैठें तरु के नीचे!

भाव-भरा उर, शब्द न आते,
पहुँच न इन तक आँसू पाते,
आओ, तृण से शुष्क धरा पर अर्थ–रहित रेखाएँ खींचें!
आओ, बैठें तरु के नीचे!

आ, गिन डालें नभ के तारे !

मिलकर हमको खींच रहे जो,
श्रम-सीकर से सींच रहे जो,
कण-कण उस पथ का पड़ने को जिस पर हैं पदबद्ध हमारे!
आ, गिन डालें नभ के तारे!

उठ अपने बल पर घमंड कर,
देख एक मानव के ऊपर,
आवश्यक शासन करने को कितने चिर चैतन्य सितारे!
आ, गिन डालें नभ के तारे!

देख मनुज की छाती विस्तृत,
दग्ध जिसे करने को संचित,
किए गए हैं अंबर भर में इतने चिर ज्वलंत अँगारे!
आ, गिन डालें नभ के तारे!

साथी, घर-घर आज दिवाली !

फैल गई दीपों की माला,
मन्दिर-मन्दिर में उजियाला,
किन्तु हमारे घर का, देखो, दर काला, दीवारें काली।
साथी, घर-घर आज दिवाली!

हास उमंग हृदय में भर-भर
घूम रहा गृह-गृह, पथ-पथ पर
किन्तु हमारे घर के अंदर डरा हुआ सूनापन खाली!
साथी, घर-घर आज दिवाली!

आँख हमारी नभ-मंडल पर,
वही हमारा नीलम का घर,
दीप-मालिका मना रही है रात हमारी तारोंवाली!
साथी, घर-घर आज दिवाली!

मेरा गगन से संलाप !

दीप जब दुनिया बुझाती,
नींद आँखों में बुलाती,
तारकों में जा ठहरती दृष्टि मेरी आप!
मेरा गगन से संलाप!

बोल अपनी मूक भाषा,
कुछ मुझे देते दिलासा,
किन्तु जब कुछ पूछता मैं, देखते चुपचाप!
मेरा गगन से संलाप!

एक ही होता इशारा,
टूटता रह-रह सितारा,
एक उत्तर सर्वप्रश्नों का! महा संताप!
मेरा गगन से संलाप!

साथी, देख उल्कापात!

टूटता तारा न दुर्बल,
चमकती चपला न चंचल,
गगन से कोई उतरती ज्योति यह नवजात!
साथी, देख उल्कापात!

बीच ही में क्षीण होकर,
अंतरिक्ष-विलीन होकर,
कर गई कुछ और पहले से अँधेरी रात!
साथी, देख उल्कापात!

मैं बहुत विपरीत इसके,
तम–प्रपूरित गीत जिसके,
हो उठेगी दीप्ति उसके मौन के पश्चात्!
साथी, देख उल्कापात!

कहते हैं, तारे गाते हैं !

सन्नाटा वसुधा पर छाया,
नभ में हमने कान लगाया,
फिर भी अगणित कंठों का यह राग नहीं हम सुन पाते हैं!
कहते हैं, तारे गाते हैं!

स्वर्ग सुना करता यह गाना,
पृथ्वी ने तो बस यह जाना,
अगणित ओस–कणों में तारों के नीरव आँसू आते हैं!
कहते हैं, तारे गाते हैं!

ऊपर देव, तले मानवगण,
नभ में दोनों, गायन-रोदन
राग सदा ऊपर, आँसू नीचे डर जाते हैं!
कहते हैं, तारे गाते हैं!

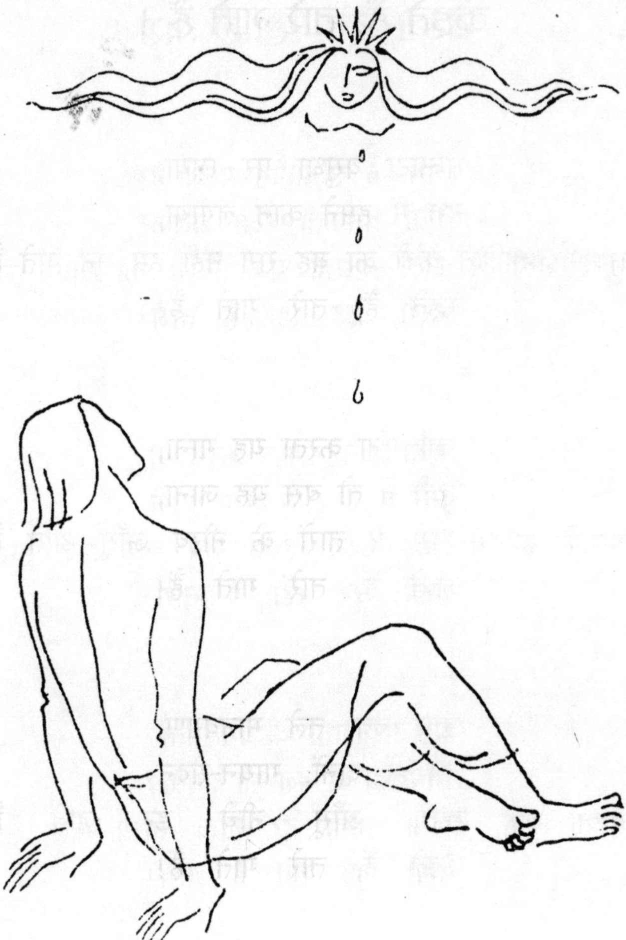

देखो, टूट रहा है तारा !

नभ के सीमाहीन पटल पर
एक चमकती रेखा चलकर
लुप्त शून्य में होती—बुझता एक निशा का दीप दुलारा!
देखो, टूट रहा है तारा!

हुआ न उडुगण में क्रंदन भी,
गिरे न आँसू के दो कण भी,
किसके उर में आह उठेगी होगा जब लघु अन्त हमारा!
देखो, टूट रहा है तारा!

यह परवशता या निर्ममता?
निर्बलता या बल की क्षमता?
मिटता एक, देखता रहता दूर खड़ा तारक—दल सारा!
देखो, टूट रहा है तारा!

मुझसे चाँद कहा करता है–

चोट कड़ी है काल प्रबल की,
उसकी मुसकानों से हलकी
राजमहल कितने सपनों का पल में नित्य ढहा करता है!
मुझसे चाँद कहा करता है–

तू तो है लघु मानव केवल,
पृथ्वी-तल का वासी निर्बल,
तारों का असमर्थ अश्रु भी नभ से नित्य बहा करता है!
मुझसे चाँद कहा करता है–

तू अपने दुख में चिल्लाता,
आँखों देखी बात बताता,
तेरे दुख से कहीं कठिन दुख यह जग मौन सहा करता है!
मुझसे चाँद कहा करता है–

विश्व सारा सो रहा है!

हैं विचरते स्वप्न सुंदर,
किन्तु इनका संग तजकर,
व्योम-व्यापी शून्यता का कौन साथी हो रहा है?
विश्व सारा सो रहा है!

भूमि पर सर, सरित्, निर्झर,
किन्तु इनसे दूर जाकर,
कौन अपने घाव अंबर की नदी में धो रहा है?
विश्व सारा सो रहा है!

न्याय-न्यायाधीश भू पर,
पास, पर, इनके न जाकर,
कौन तारों की सभा में दुःख अपना रो रहा है?
विश्व सारा सो रहा है!

कोई रोता दूर कहीं पर !

इन काली घड़ियों के अंदर,
यत्न बचाने के निष्फल कर,
काल प्रबल ने किसके जीवन का प्यारा अवलंब लिया हर?
कोई रोता दूर कहीं पर!

ऐसी ही थी रात अँधेरी,
जब सुख की, सुखमा की ढेरी,
मेरी लूट नियति ने ली थी, करके मेरा तन-मन जर्जर!
कोई रोता दूर कहीं पर!

मित्र-पड़ोसी क्रंदन सुनकर,
आकर अपने घर से सत्वर,
क्या न इसे समझाते होंगे चार दुखों का जीवन कहकर?
कोई रोता दूर कहीं पर!

साथी, सो न, कर कुछ बात !

बोलते उडुगण परस्पर,
तरु दलों में मंद 'मरमर',
बात करतीं सरि-लहरियाँ कूल तो जल–स्नात!
साथी, सो न, कर कुछ बात!

बात करते सो गया तू,
स्वप्न में फिर खो गया तू
रह गया मैं और आधी बात, आधी रात!
साथी, सो न, कर कुछ बात!

पूर्ण कर दे वह कहानी,
जो शुरू की थी सुनानी,
आदि जिसका हर निशा में, अन्त चिर अज्ञात!
साथी, सो न, कर कुछ बात!

तूने क्या सपना देखा है?

पलक–रोम पर बूँदें सुख की,
हँसती-सी मुद्रा कुछ मुख की,
सोते में क्या तूने अपना बिगड़ा भाग्य बना देखा है?
तूने क्या सपना देखा है?

नभ में कर क्यों फैलाता है?
किसको भुज में भर लाता है?
प्रथम बार सपने में तूने क्या कोई अपना देखा है?
तूने क्या सपना देखा है?

मृगजल से ही ताप मिटा ले,
सपनों में ही कुछ रस पा ले,
मैंने तो तन–मन का सपनों में भी बस तपना देखा है।
तूने क्या सपना देखा है?

आज घिरे हैं बादल, साथी !

भरा हृदय नभ विगलित होकर
आज बिखर जाएगा भू पर,
चार नयन भी साथ गगन के आज पड़ेंगे ढल-ढल साथी!
आज घिरे हैं बादल, साथी!

आँसू का बल हमें कभी था;
आँचल गीला किया जभी था,
जग-जीवन की सब सीमाएँ ढही-बही थीं गल-गल, साथी!
आज घिरे हैं बादल, साथी!

जब आँसू उर-ज्वाल बुझाते,
तो भी हम कुछ सुख पा जाते!
इन जल की बूँदों से उर के घाव उठेंगे, जल-जल, साथी!
आज घिरे हैं बादल, साथी!

देख, रात है कितनी काली !

आज सितारे भी हैं सोए,
बादल की चादर में खोए,
एक बार भी नहीं उठाती घूँघट घन-अवगुंठन वाली।
देख, रात है कितनी काली।

आज बुझी है अंतर्ज्वाला,
जिससे हमने खोज निकाला
था पथ अपना अधिक तिमिर में, और चली थी चाल निराली।
देख, रात है कितनी काली।

क्यों उन्मत्त समीरण आता,
मानव-कर का दीप बुझाया,
क्यों जुगनूँ जल-जल करता है तरु के नीड़ों की रखवाली?
देख, रात है कितनी काली!

यह पपीहे की रटन है !

बादलों की घिर घटाएँ
भूमि की लेती बलाएँ,
खोल दिल देतीं दुआएँ देख किस उर में जलन है?
यह पपीहे की रटन है!

जो बहा दे, नीर आया,
आग का फिर तीर आया,
वज्र भी बेपीर आया—कब रुका इसका वचन है?
यह पपीहे की रटन है!

यह न पानी से बुझेगी,
यह न पत्थर से दबेगी,
यह न शोलों से डरेगी, यह वियोगी की लगन है!
यह पपीहें की रटन है!

है पावस की रात अँधेरी !

विद्युत् की है द्युति अंबर में,
जुगनू की है ज्योति अधर में,
नभ-मंडल की सकल दिशाएँ तम की चादर ने हैं घेरीं!
है पावस की रात अँधेरी!

मैंने अपने हास चपल से
होड़ कभी ली थी बादल से!
किन्तु गगन का गर्जन सुनकर आज धड़कती छाती मेरी!
है पावस की रात अँधेरी!

है सहसा जिह्वा पर आई,
'घन-घमंड' वाली चौपाई,
जहाँ देव भी काँप उठे थे, क्यों लज्जित मानवता मेरी!
है पावस की रात अँधेरी!

आज मुझसे बोल, बादल !

तम-भरा तू, तम-भरा मैं,
गम-भरा तू, गम-भरा मैं,
आज तू अपने हृदय से हृदय मेरा तोल, बादल!
आज मुझसे बोल, बादल!

आग तुझमें, आग मुझमें,
राग तुझमें, राग मुझमें,
आ मिलें हम आज अपने द्वार उर के खोल, बादल!
आज मुझसे बोल, बादल!

भेद वह मत देख दो पल—
क्षार जल मैं, तू मधुर जल,
व्यर्थ मेरे अश्रु, तेरी बूँद है अनमोल, बादल!
आज मुझसे बोल, बादल!

आज रोती रात, साथी !

घन तिमिर में मुख छिपाकर,
है गिराती अश्रु झर-झर,
क्या लगी कोई हृदय में तारकों की बात, साथी?
आज रोती रात, साथी!

जब तड़ित-क्रदंन श्रवण कर
काँपती है भूमि थर-थर
सोच, बादल के हृदय ने क्या सहे आघात, साथी!
आज रोती रात, साथी!

एक उर में आह उठती,
निखिल सृष्टि कराह उठती;
रात रोती, भीग उठता भूमि का पट-गात, साथी!
आज रोती रात, साथी!

रात-रात भर श्वान भूंकते !

पार नदी के जब ध्वनि जाती,
लौट उधर से प्रतिध्वनि आती;
समझ खड़े समबल प्रतिद्वंद्वी दे-दे अपने प्राण भूंकते।
रात-रात भर श्वास भूंकते!

इस रव से निशि कितनी विह्वल,
बतला सकता हूँ मैं केवल,
इसी तरह मेरे उर में भी असंतुष्ट अरमान भूंकते।
रात-रात भर श्वान भूंकते!

जब दिन होता, ये चुप होते,
कहीं अँधेरे में छिप सोते,
पर दिन-रात हृदय के मेरे ये निर्दय मेहमान भूंकते!
रात-रात भर श्वान भूंकते!

रो, अशकुन बतलानेवाली !

'आउ-आउ' कर किसे बुलाती?
तुझको किसकी याद सताती?
मेरे किन दुर्भाग्य क्षणों से प्यार तुझे, ओ तम-सी काली?
रो, अशकुन बतलानेवाली!

देख किसी को अश्रु बहाते,
नेत्र सदा साथी बन जाते,
पर तेरी यह चीखें उर में कितना भय उपजानेवालीं!
रो, अशकुन बतलानेवाली!

सत्य मिटा, सपना भी टूटा,
संगिन छूटी, संगी छूटा,
कौन शेष रह गई आपदा जो तू मुझ पर लानेवाली!
रो, अशकुन बतलानेवाली!

साथी, नया वर्ष आया है !

वर्ष पुराना, ले, अब जाता,
कुछ प्रसन्न-सा, कुछ पछताता;
दे जी भर आशीष, बहुत ही इससे तूने दुख पाया है!
साथी, नया वर्ष आया है!

उठ इसका स्वागत करने को,
स्नेह-बाहुओं में भरने को,
नये साल के लिए, देख, यह नई वेदनाएँ लाया है!
साथी, नया वर्ष आया है!

उठ ओ पीड़ा के मतवाले!
ले ये तीक्ष्ण-तिक्त-कटु प्याले,
ऐसे ही प्यालों का गुण तो तूने जीवन भर गाया है!
साथी, नया वर्ष आया है!

आओ, नूतन वर्ष मना लें !

गृह-विहीन वन-वन प्रवास का,
तप्त आँसुओं, तप्त श्वास का,
एक और युग बीत रहा है, आओ इस पर हर्ष मना लें!
आओ नूतन वर्ष मना लें!

उठो, मिटा दें आशाओं को,
दबी-छिपी अभिलाषाओं को,
आओ, निर्ममता से उर में यह अंतिम संघर्ष मना लें।
आओ, नूतन वर्ष मना लें।

हुई बहुत दिन खेल-मिचौनी,
बात यही थी निश्चित होनी,
आओ, सदा दुखी रहने का जीवन में आदर्श बना लें!
आओ नूतन वर्ष मना लें।

रात आधी हो गई है !

जागता मैं आँख फाड़े,
हाय, सुधियों के सहारे,
जब कि दुनिया स्वप्न के जादू-भवन में खो गई है!
रात आधी हो गई है!

सुन रहा हूँ, शांति इतनी,
है टपकती बूँद जितनी,
ओस की जिनसे द्रुमों का गात रात भिगो गई है!
रात आधी हो गई है!

दे रही कितना दिलासा,
आ झरोखे से ज़रा-सा,
चाँदनी पिछले पहर की पास में जो सो गई है!
रात आधी हो गई है!

विश्व मनाएगा कल होली !

घूमेगा जग राह-राह में,
आलिंगन की मधुर चाह में,
स्नेह—सरसता से घट भरकर, ले अनुराग—राग की झोली!
विश्व मनाएगा कल होली!

उर से कुछ उच्छ्वास उठेंगे
चिर-भूखे भुज-पाश उठेंगे,
कंठस्थल में रुक जाएगी मेरे करुण प्रणय की बोली!
विश्व मनाएगा कल होली!

आँसू की दो धार बहेंगी
दो-दो मुट्ठी राख उड़ेगी।
और अधिक चमकीला होगा जग का रंग, जगत् की रोली!
विश्व मनाएगा कल होली!

खेल चुके हम फाग समय से !

फैलाकर निःसीम भुजाएँ,
अंक भरीं हमने विपदाएँ
होली ही हम रहे मनाते प्रतिदिन अपने यौवन-वय से!
खेल चुके हम फाग समय से!

मन के दाग अमिट बतलाते,
हम थे कैसा रंग बहाते;
मलते थे रोली मस्तक पर क्षार उठाकर दग्ध हृदय से!
खेल चुके हम फाग समय से!

रंग छुड़ाना, चंग बजाना,
रोली मलना, होली गाना—
आज हमें यह सब लगते हैं केवल बच्चों के अभिनय से!
खेल चुके हम फाग समय से!

साथी, कर न आज दुराव !

खींच ऊपर को भ्रुओं को;
रोक मत अब आँसुओं को,
सह सकेगी भार कितना यह नयन की नाव!
साथी, कर न आज दुराव!

व्यक्त कर दे अश्रु-कण से,
आह से, अस्फुट वचन से,
प्राण—तन—मन को दबाए जो हृदय के भाव!
साथी, कर न आज दुराव!

रो रही बुलबुल विकल हो
इस निशा में धैर्य-धन खो,
वह कहीं समझे न उसके ही हृदय के घाव!
साथी, कर न आज दुराव!

हम कब अपनी बात छिपाते ?

हम अपना जीवन अंकित कर,
फेंक चुके हैं राज-मार्ग पर,
जिसके जी में आए पढ़ ले थमकर पलभर आते-जाते!
हम कब अपनी बात छिपाते?

हम सब कुछ करके भी मानव,
हमीं देवता, हम ही दानव,
हमीं स्वर्ग की, हमीं नरक की क्षण भर में सीमा छू आते!
हम कब अपनी बात छिपाते!

मानवता के विस्तृत उर हम,
मानवता के स्वच्छ मुकुर हम,
मानव क्यों अपनी मानवता बिंबित हममें देख लजाते!
हम कब अपनी बात छिपाते?

हम आँसू की धार बहाते !

मानव के दुख का सागर-जल,
हम पी लेते बनकर बादल,
रोकर बरसाते हैं फिर भी हम खारे को मधुर बनाते!
हम आँसू की धार बहाते!

उर मथकर कंठों तक आता,
कंठ रुँधा पाकर फिर जाता,
कितने ऐसे विष का दर्शन, हाय, नहीं मानव कर पाते।
हम आँसू की धार बहाते!

मिट जाते हम करके वितरण
अपना अमृत सरीखा सब धन!
फिर भी ऐसे बहुत पड़े जो मेरा-तेरा भाग्य सिहाते!
हम आँसू की धार बहाते!

क्यों रोता है, जड़ तकियों पर ?

जिनका उर था स्नेह-विनिर्मित,
भाव-सरसता से अभिसिंचित,
जब न पसीजे इनसे वे भी, आज पसीजेंगे क्या पत्थर!
क्यों रोता है, जड़ तकियों पर!

इनमें मानव का जीवन है,
जीवन का नीरव क्रंदन है,
नष्ट न कर तू इन बूँदों को मरुथल के ऊपर बरसाकर!
क्यों रोता है , जड़ तकियों पर!

रो तू अक्षर-अक्षर में ही,
रो तू गीतों के स्वर में ही,
शांत किसी दुखिया का मन हो जिनको सूनेपन में गाकर!
क्यों रोता है, जड़ तकियों पर!

मैंने दुर्दिन में गाया है !

दुर्दिन जिसके आगे रोता,
बंदी-सा नत-मस्तक होता,
एक न एक समय दुनिया का एक-एक प्राणी आया है।
मैंने दुर्दिन में गाया है।

जीवन का क्या भेद बताऊँ,
जगती का क्या मर्म जताऊँ?
किसी तरह रो-रोकर मैंने अपने मन को बहलाया है।
मैंने दुर्दिन में गाया है।

साथी हाथ पकड़ मत मेरा ,
कोई और सहारा तेरा,
यही बहुत, दुख-दुर्बल तूने मुझको अपने-सा पाया है।
मैंने दुर्दिन में गाया है।

साथी, कवि नयनों का पानी–

चढ़ जाए मंदिर-प्रतिमा पर, .
या दे मस्जिद की गागर भर ,
या धोए वह रक्त सना है जिससे जग का आहत प्राणी?
साथी, कवि नयनों का पानी–

लिखे कथाएँ राज-राज की,
या परिवर्तित जन-समाज की,
या मानवता के विषाद की लिखें अनादि-अनन्त कहानी?
साथी, कवि नयनों का पानी–

'कलकल' करे सरित्-निर्झर में,
या मुखरित हो सिंधु-लहर में,
युग वाणी बोले या बोले वह, जो है युग-युग की वाणी?
साथी, कवि नयनों का पानी–

जग बदलेगा, किन्तु न जीवन !

क्या न करेंगे उर में क्रन्दन,
जन्म-मरण के प्रश्न चिरन्तन,
हल कर लेंगे जब रोटी का मसला जगती के नेतागण!
जग बदलेगा, किन्तु न जीवन!

प्रणय-स्वप्न की चंचलता पर,
जो रोएँगे सिर धुन-धुनकर,
नेताओं के तर्क वचन क्या उनको दे देंगे आश्वासन!
जग बदलेगा, किन्तु न जीवन!

मानव-भाग्य-पटल पर अंकित,
न्याय नियति का जो चिर निश्चित,
धो पाएँगे उसे तनिक भी नेताओं के आँसू के कण!
जग बदलेगा, किन्तु न जीवन!

क्षणभर को क्यों प्यार किया था?

अर्द्ध रात्रि में सहसा उठकर,
पलक संपुटों में मदिरा भर,
तुमने क्यों मेरे चरणों में अपना तन-मन वार दिया था?
क्षणभर को क्यों प्यार किया था?

'यह अधिकार कहाँ से लाया!'
और न कुछ मैं कहने पाया—
मेरे अधरों पर निज अधरों का तुमने रख भार दिया था!
क्षणभर को क्यों प्यार किया था?

वह क्षण अमर हुआ जीवन में,
आज राग जो उठता मन में—
यह प्रतिध्वनि उसकी जो उर में तुमने भर उद्गार दिया था!
क्षणभर को क्यों प्यार किया था?

‘आज सुखी मैं कितनी, प्यारे !’

चिर अतीत में ‘आज’ समाया,
उस दिन का सब साज समाया,
किन्तु प्रतिक्षण गूँज रहे हैं नभ में वे कुछ शब्द तुम्हारे!
‘आज सुखी मैं कितनी, प्यारे!’

लहरों में मचला यौवन था,
तुम थीं, मैं था, जग निर्जन था,
सागर में हम कुद पड़े थे भूल जगत् के कुल-किनारे!
‘आज सुखी मैं कितनी, प्यारे!’

साँसों में अटका जीवन है,
जीवन में एकाकीपन है?
सागर की बस याद दिलाते नयनों में दो जल-कण खारे!
‘आज सुखी मैं कितनी, प्यारे!’

जग का मेरा प्यार नहीं था!

तूने था जिसको लौटाया,
क्या उसको मैंने फिर पाया?
हृदय गया था अर्पित होने, साधारण उपहार नहीं था!
जग का मेरा प्यार नहीं था!

सीमित जग के सीमित क्षण में,
सीमाहीन तृषा थी मन में,
तुझमें अपना लय चाहा था, ध्येय प्रणय-अभिसार नहीं था!
जग का मेरा प्यार नहीं था!

स्वर्ग न जिसको छू पाया था!
तेरे चरणों में आया था,
तूने इसका मूल्य न समझा, जीवन था, खिलवार नहीं था!
जग का मेरा प्यार नहीं था!

सोच सुखी मेरी छाती है–

दूर कहाँ मुझसे जाएगी,
कैसे मुझको बिसराएगी?
मेरे ही उर की मदिरा से तो, प्रेयसि, तू मदमाती है!
सोच सुखी मेरी छाती है–

मैंने कैसे तुझे गँवाया,
जब तुझको अपने में पाया?
पास रहे तू कहीं किसी के, संरक्षित मेरी थाती है!
सोच सुखी मेरी छाती है–

तू जिसको कर प्यार, वही मैं!
अपने में ही आज नहीं मैं!
किसी मूर्ति पर पुष्प चढ़ा तू पूजा मेरी हो जाती है!
सोच सुखी मेरी छाती है–

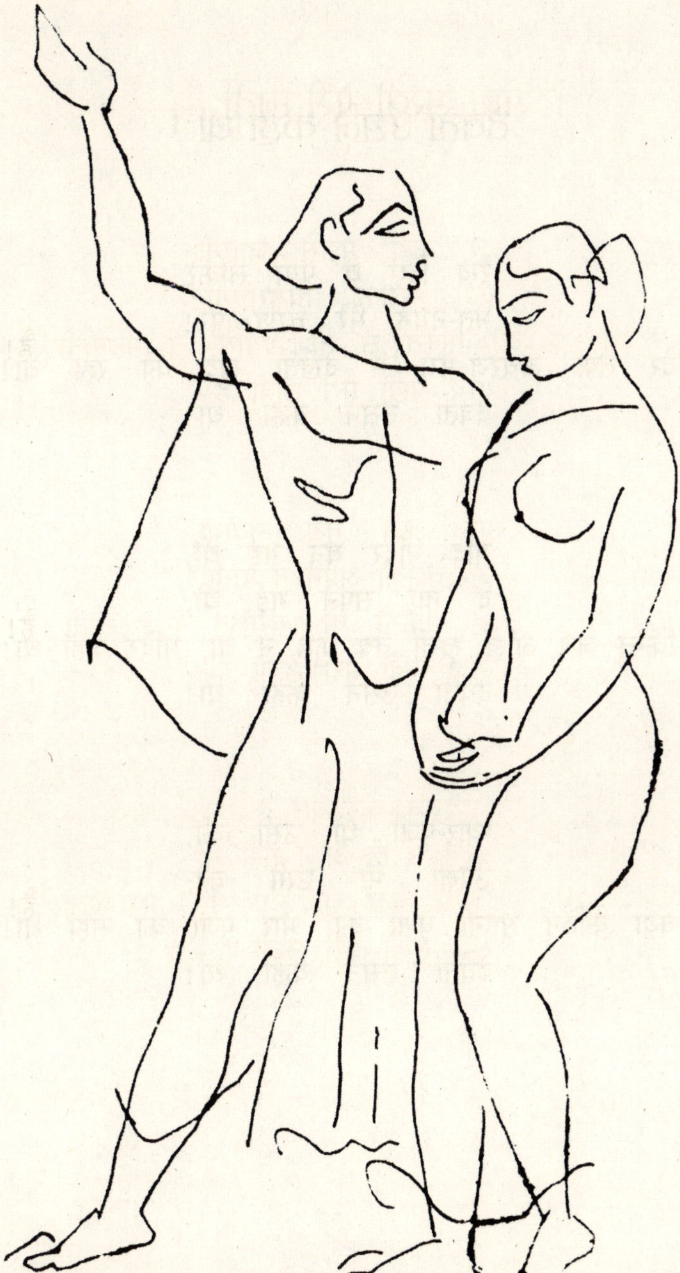

देवता उसने कहा था!

रख दिए थे पुष्प लाकर
नत-नयन मेरे चरण पर!
देर तक अचरज-भरा मैं देखता खुद को रहा था!
देवता उसने कहा था!

गोद मंदिर बन गई थी,
दे नए सपने गई थी,
किन्तु जब आँखें खुलीं तब कुछ न था, मंदिर जहाँ था!
देवता उसने कहा था!

प्यार-पूजा थी उसी की,
उपेक्षा भी उसी की;
क्या कठिन सहना घृणा का, भार पूजा का सहा था!
देवता उसने कहा था!

मैंने भी जीवन देखा है !

अखिल विश्व था आलिंगन में,
था समस्त जीवन चुंबन में,
युग कर पाए माप न जिसकी मैंने ऐसा क्षण देखा है!
मैंने भी जीवन देखा है।

सिन्धु जहाँ था, मरु सोता है!
अचरज क्या मुझको होता है?
अतुल प्यार का अतुल घृणा में मैने परिवर्तन देखा है!
मैंने भी जीवन देखा है।

प्रिय, सब कुछ खोकर जीता हूँ,
चिर अभाव का मधु पीता हूँ,
यौवन-रँगरलियों से प्यारा मैंने सूनापन देखा है!
मैंने भी जीवन देखा है।

क्या मैं जीवन से भागा था ?

स्वर्ण शृंखला प्रेम-पाश की
मेरी अभिलाषा न पा सकी,
क्या उससे लिपटा रहता जो कच्चे रेशम का तागा था!
क्या मैं जीवन से भागा था?

मेरा सारा कोष नहीं था,
अंशों से संतोष नहीं था,
अपनाने की कुचली साधों में मैंने तुमको त्यागा था!
क्या मैं जीवन से भागा था?

बूँद उसे तुमने दिखलाया,
युग-युग की तृष्णा जो लाया,
जिसने चिर अथाह मधु-मज्जित जीवन का प्रतिक्षण माँगा था!
क्या मैं जीवन से भागा था?

निर्ममता भी है जीवन में !

हो वासंती अनिल प्रवाहित,
करता जिसको दिन-दिन विकसित,
उन्हीं दलों को शिशिर-समीरण तोड़ गिराता है दो क्षण में!
निर्ममता भी है जीवन में!

जिनकी कंचन की काया थी,
जिसमें सब सुख की छाया थी,
उसे मिला देना पड़ता है पल भर में मिट्टी के कण में!
निर्ममता भी है जीवन में!

जगती में है प्रणय उच्चतर,
पर कुछ है उसके भी ऊपर,
पूछ उसी से आज नहीं तू क्यों मेरे उर के आँगन में!
निर्ममता भी है जीवन में!

था तुम्हें मैंने रुलाया !

हा, तुम्हारी मृदुल इच्छा!
हाय, मेरी कटु अनिच्छा!
था बहुत माँगा न तुमने किन्तु वह भी दे न पाया!
था तुम्हें मैंने रुलाया!

स्नेह का वह कण तरल था,
मधु न था, न सुधा-गरल था,
एक क्षण को भी, सरलते, क्यों समझ तुमको न पाया!
था तुम्हें मैंने रुलाया!

बूँद कल की आज सागर,
सोचता हूँ बैठ तट पर–
क्यों अभी तक डूब इसमें कर न अपना अन्त पाया!
था तुम्हें मैंने रुलाया!

मैंने खेल किया जीवन से !

सत्य भवन में मेरे आया,
पर मैं उसको देख न पाया,
दूर न कर पाया मैं, साथी, सपनों का उन्माद नयन से!
मैंने खेल किया जीवन से!

मिलता था बेमोल मुझे सुख,
पर मैंने उससे फेरा मुख,
मैं खरीद बैठा पीड़ा को यौवन के चिर संचित धन से!
मैंने खेल किया जीवन से!

थे बैठे भगवान् हृदय में,
देर हुई मुझको निर्णय में,
उन्हें देवता समझा जो थे कुछ भी अधिक नहीं पाहन से!
मैंने खेल किया जीवन से!

ऐसे मैं मन बहलाता हूँ !

सोचा करता बैठ अकेले,
गत जीवन के सुख-दुख झेले,
दंशनकारी सुधियों से मैं उर के छाले सहलाता हूँ!
ऐसे मैं मन बहलाता हूँ!

नहीं खोजने जाता मरहम,
होकर अपने प्रति अति निर्मम,
उर के घावों को आँसू के खारे जल से नहलाता हूँ!
ऐसे मैं मन बहलाता हूँ।

आह निकल मुख से जाती है,
मानव की ही तो छाती है,
लाज नहीं मुझको देवों में यदि मैं दुर्बल कहलाता हूँ!
ऐसे मैं मन बहलाता हूँ!

अब वे मेरे गान कहाँ हैं !

टूट गई मरकत की प्याली,
लुप्त हुई मदिरा की लाली,
मेरा व्याकुल मन बहलानेवाले अब सामान कहाँ हैं
अब वे मेरे गान कहाँ हैं!

जगती के नीरस मरुथल पर
हँसता था मैं जिनके बल पर,
चिर वसंत–सेवित सपनों के मेरे वे उद्यान कहाँ हैं!
अब वे मेरे गान कहाँ हैं!

किस पर अपना प्यार चढ़ाऊँ?
यौवन का उद्‌गार चढ़ाऊँ?
मेरी पूजा को सह लेने वाले वे पाषाण कहाँ हैं!
अब वे मेरे गान कहाँ हैं!

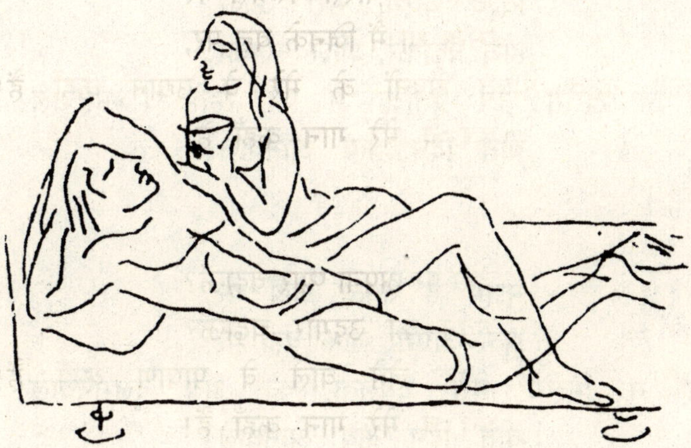

बीते दिन कब आनेवाले !

मेरी वाणी का मुधमय स्वर
विश्व सुनेगा कान लगाकर,
दूर गए पर मेरे उर की धड़कन को सुन पानेवाले!
बीते दिन कब आनेवालें!

विश्व करेगा मेरा आदर,
हाथ बढ़ाकर, शीश नवाकर,
पर न खुलेंगे नेत्र प्रतीक्षा में जो रहते थे मतवाले!
बीते दिन कब आनेवाले!

मुझमें है देवत्व जहाँ पर,
झुक जाएगा लोक वहाँ पर,
पर न मिलेंगे मेरी दुर्बलता को अब दुलरानेवाले!
बीते दिन कब आनेवाले!

आज मुझसे दूर दुनिया !

भावनाओं से विनिर्मित,
कल्पनाओं से सुसज्जित,
कर चुकी मेरे हृदय का स्वप्न चकनाचूर दुनिया!
आज मुझसे दूर दुनिया!

'बात पिछली भूल जाओ,
दूसरी नगरी बसाओ,'
प्रेमियों के प्रति रही है, हाय, कितनी क्रूर दुनिया!
आज मुझसे दूर दुनिया!

वह समझ मुझको न पाती,
और मेरा दिल जलाती,
है चिता की राख कर में माँगती सिन्दूर दुनिया!
आज मुझसे दूर दुनिया!

मैं जग से कुछ सीख न पाया !

जग ने थोड़ा-थोड़ा चाहा,
थोड़े में ही काम निबाहा,
लेकिन अपनी इच्छाओं को मैंने सीमाहीन बनाया।
मैं जग से कुछ सीख न पाया।

जग ने जो दिन-बीच कमाया,
उसे बनाया रात सवाया,
मैंने जो दिन को जोड़ा था, उसको मैंने शाम गँवाया।
मैं जग से कुछ सीख न पाया।

जग ने जो प्रतिमा ठुकराई,
झुककर उसके आगे आई,
फिर-फिर झुका उसी वेदी पर जहाँ गया फिर-फिर ठुकराया।
मैं जग से कुछ सीख न पाया।

श्यामा तरु पर बोलने लगी !

है अभी पहर भर शेष रात,
है पड़ी भूमि हो शिथिल-गात,
यह कौन ओस-जल में सहसा मिश्री के कण घोलने लगी?
श्यामा तरु पर बोलने लगी!

दिग्वधुओं का मुख तमाच्छन्न
अब अस्फुट आभा से प्रसन्न,
यह कौन उषा का अवगुंठन गा-गाकर के खोलने लगी?
श्यामा तरु पर बोलने लगी!

अधरों के नीचे ले जाकर,
इसने रखा क्या पेय प्रखर,
जिसके छूते ही सकल प्रकृति हो सजग-चपल डोलने लगी?
श्यामा तरु पर बोलने लगी!

यह अरुण चूड़ का तरुण राग !

सुनकर इसकी हुंकार वीर
हो उठा सजग-अस्थिर समीर,
उड़ चले तिमिर का वक्ष चीर चिड़ियों के पहरेदार काग!
यह अरुण चूड़ का तरुण राग!

जग पड़ा खगों का कुल महान,
छिड़ गया सम्मिलित मधुर गान,
पौ फटी, हुआ स्वर्णिम विहान, तम चला भाग, तम गया भाग!
यह अरुण चूड़ का तरुण राग!

अब जीवन-जागृति-ज्योति दान–
परिपूर्ण भूमितल– आसमान,
मानो कण-कण की एक तान, सोना न पड़ेगा पुनः जाग!
यह अरुण चूड़ का तरुण राग!

तारक-दल छिपता जाता है !

कलियाँ खिलतीं, फूल बिखरते,
मिल सुख-दुख के आँसू झरते,
जीवन और मरण दोनों का राग विहंगम-दल गाता है।
तारक-दल छिपता जाता है।

इसे कहूँ मैं हास पवन का,
या समझूँ उच्छ्वास पवन का?
अवनि और अम्बर दोनों से प्रातः—स्मीरण का नाता है।
तारक-दल छिपता जाता है।

रवि ने अपना हाथ बढ़ाकर
नभ-दीपों का तेज लिया हर,
जग में उजियाला होता है, स्वप्न-लोक में तम छाता है।
तारक-दल छिपता जाता है।

शुरू हुआ उजियाला होना !

हटता जाता है नभ से तम,
संख्या तारों की होती कम,
उषा झाँकती उठा क्षितिज से बादल की चादर का कोना!
शुरू हुआ उजियाला होना!

ओस-कणों से निर्मल-निर्मल,
उज्ज्व-उज्ज्वल, शीतल-शीतल
शुरू किया प्रातः समीर ने तरु-पल्लव-तृण का मुँह धोना!
शुरू हुआ उजियाला होना!

किसी बसे द्रुम की डाली पर
सद्यः जाग्रत चिड़ियों का स्वर,
किसी सुखी घर से सुन पड़ता है नन्हें बच्चों का रोना!
शुरू हुआ उजियाला होना!

आ रही रवि की सवारी !

नव-किरण का रथ सजा है,
कलि-कुसुम से पथ सजा है,
बादलों-से अनुचरों ने स्वर्ण की पोशाक धारी!
आ रही रवि की सवारी!

विहग बन्दी और चारण,
गा रहे हैं कीर्ति-गायन,
छोड़कर मैदान भागी तारकों की फौज सारी!
आ रही रवि की सवारी!

चाहता, उछलूँ विजय कह,
पर ठिठकता देखकर यह–
रात का राजा खड़ा है राह में बनकर भिखारी!
आ रही रवि की सवारी!

अब घन-गर्जन-गान कहाँ है !

कहती है ऊषा की पहली
किरण लिए मुसकान सुनहली—
नहीं दमकती दामिनि का ही, मेरा भी अस्तित्व यहाँ है!
अब घन-गर्जन-गान कहाँ है।

कहता एक बूँद आँसू झर
पलक-पाँखुरी से पल्लव पर—
नहीं मेह के लहरे का ही, मेरा भी अस्तित्व यहाँ है!
अब घन-गर्जन-गान कहाँ है!

टहनी पर बैठी गौरैया
चहक-चहककर कहती, भैया!
नहीं कड़कते बादल का ही, मेरा भी अस्तित्व यहाँ है!
अब घन-गर्जन-गान कहाँ है!

भीगी रात विदा अब होती !

रोते-रोते रक्त-नयन हो,
पीत-वदन हो, छाया-तन हो,
पार क्षितिज के रजनी जाती अँचल-छोर निचोती!
भीगी रात विदा अब होती!

प्राची से ऊषा हँस पड़ती,
विहगावलियाँ नौबत झड़तीं,
पल में निर्मम प्रकृति निशा के रोदन की सब चिन्ता खोती!
भीगी रात विदा अब होती!

हाथ बढ़ा सूरज किरणों के
पोंछ रहा आँसू सुमनों के,
अपने गीले पंख सुखाते तरु पर बैठ कपोत-कपोती!
भीगी रात विदा अब होती!

मैं कल रात नहीं रोया था !

दुख सब जीवन के विस्मृत कर ,
तेरे वक्षस्थल पर सिर धर ,
तेरी गोदी में चिड़िया के बच्चे-सा छिपकर सोया था!
मैं कल रात नहीं रोया था!

प्यार-भरे उपवन में घूमा,
फल खाए, फूलों को चूमा,
कल दुर्दिन का भार न अपने पंखों पर मैंने ढोया था!
मैं कल रात नहीं रोया था!

आँसू के दाने बरसाकर
किन आँखों ने तेरे उर पर
ऐसे सपनों के मधुवन का मधुमय बीज, बता, बोया था!
मैं कल रात नहीं रोया था!

स्वप्न था मेरा भयंकर !

रात का-सा था अँधेरा,
बादलों का था न डेरा,
किन्तु फिर भी चन्द्र-तारों से हुआ था हीन अम्बर!
स्वप्न था मेरा भयंकर!

क्षीण सरिता बह रही थी,
कूल से यह कह रही थी—
शीघ्र ही मैं सूखने को, भेंट ले मुझको हृदय भर!
स्वप्न था मेरा भयंकर!

धार से कुछ फासले पर
सित कफन की ओढ़ चादर
एक मुर्दा गा रहा था बैठकर जलती चिता पर!
स्वप्न था मेरा भयंकर!

मैं उसे फिर पा गया था !

था वही तन, था वही मन,
था वही सुकुमार दर्शन,
एक क्षण सौभाग्य का छूटा हुआ-सा आ गया था!
मैं उसे फिर पा गया था!

वह न बोली, मैं न बोला,
वह न डोली, मैं न डोला,
पर लगा पल में युगों का हाल-चाल बता गया था!
मैं उसे फिर पा गया था!

चार लोचन डबडबाए।
शब्द सुख कैसे बताए?
देवता का अश्रु मानव के नयन में छा गया था!
मैं उसे फिर पा गया था!

हूँ जैसा तुमने कर डाला !

पुण्य किया, पापों में डूबा,
सुख से ऊबा, दुख से ऊबा,
हमसे यह सब करा तुम्हीं ने अपना कोई अर्थ निकाला!
हूँ जैसा तुमने कर डाला!

क्षय मेरा, निर्माण जगत् का!
लय मेरा, उत्थान जगत् का!
जग का और हमारा तुमने जोड़ दिया सम्बन्ध निराला!
हूँ जैसा तुमने कर डाला!

पूछा जब, 'क्यों जीवन जग में?
कभी चहककर किसी विहग में,
कभी किसी तरु में कर 'मरमर', प्रश्न हमारा तुमने टाला!
हूँ जैसा तुमने कर डाला!

मैं गाता, शून्य सुना करता !

इसको अपना सौभाग्य कहूँ,
अथवा दुर्भाग्य इसे समझूँ,
वह प्राप्त हुआ बन चिर-संगी जिससे था मैं पहले डरता?
मैं गाता, शून्य सुना करता!

जब सबने मुझको छोड़ दिया,
जब सबने नाता तोड़ लिया,
यह पास चला मेरे आया सब खाली जगहों को भरता!
मैं गाता, शून्य सुना करता!

मेरे मन की दुर्बलता पर–
मेरी मानी मानवता पर–
हँसता तो है यह शून्य नहीं, यदि इस पर सिर न धुना करता!
मैं गाता, शून्य सुना करता!

मधुप, नहीं अब मधुवन तेरा !

तेरे साथ खिलीं जो कलियाँ,
रूप-रंगमय कुसुमावलियाँ,
वे कब की धरती में सोईं होगा उनका फिर न सबेरा!
मधुप, नहीं अब मधुवन तेरा!

नूतन मुकुलित कलिकाओं पर,
उपवन की नव आशाओं पर,
नहीं सोहता, पागल, तेरा दुर्बल-दीन-अमंगल फेरा!
मधुप, नहीं अब मधुवन तेरा!

जहाँ प्यार बरसा था तुझ पर,
वहाँ दया की भिक्षा लेकर,
जीने की लज्जा को कैसे सहता है, मानी, मऩ तेरा!
मधुप, नहीं अब मुधवन तेरा!

आओ, हम पथ से हट जाएँ !

युवती और युवक मदमाते
उत्सव आज मनाने आते,
लिए नयन में स्वप्न, वचन में हर्ष, हृदय में अभिलाषाएँ!
आओ, हम पथ से हट जाएँ!

इनकी इन मधुमय घड़ियों में,
हास-लास की फुलझड़ियों में,
हम न अमंगल शब्द निकालें, हम न अमंगल अश्रु बहाएँ!
आओ, हम पथ से हट जाएँ!

यदि इनका सुख सपना टूटे,
काल इन्हें भी हम-सा लूटे,
धैर्य बँधाएँ इनके उर को हम पथिकों की करुण कथाएँ!
आओ, हम पथ से हट जाएँ!

क्या कंकड़-पत्थर चुन लाऊँ ?

यौवन के उजड़े प्रदेश के
इस उर के ध्वंसावशेष के
भग्न शिला-खण्डों से क्या मैं फिर आशा की भीत उठाऊँ?
क्या कंकड़-पत्थर चुन लाऊँ!

स्वप्नों के इस रंगमहल में
हँसूँ निशा की चहल-पहल में?
या इस खँडहर की समाधि पर बैठ रुदन को गीत बनाऊँ?
क्या कंकड़-पत्थर चुन लाऊँ?

इसमें करुण स्मृतियाँ सोईं,
इसमें मेरी निधियाँ सोईं,
इसका नाम-निशान मिटाऊँ या मैं इस पर दीप जलाऊँ?
क्या कंकड़-पत्थर चुन लाऊँ?

किस कर में यह वीणा धर दूँ ?

देवों ने था जिसे बनाया,
देवों ने था जिसे बजाया,
मानव के हाथों में कैसे इसको आज समर्पित कर दूँ?
किस कर में यह वीणा धर दूँ?

इसने स्वर्ग रिझाना सीखा,
स्वर्गिक तान सुनाना सीखा,
जगती को खुश करनेवाले स्वर से कैसे इसको भर दूँ?
किस कर में यह वीणा धर दूँ?

क्यों बाकी अभिलाषा मन में,
झंकृत हो यह फिर जीवन में?
क्यों न हृदय निर्मम हो कहता अँगारे अब धर इस पर दूँ?
किस कर में यह वीणा धर दूँ?

फिर भी जीवन की अभिलाषा !

दुर्दिन की दुर्भाग्य-निशा में,
लीन हुए अज्ञात दिशा में,
साथी जो समझा करते थे मेरे पागल मन की भाषा।
फिर भी जीवन की अभिलाषा!

सुखी किरण दिन की जो खोई,
मिली न सपनों में भी कोई,
फिर प्रभात होगा, इसकी भी रही नहीं प्राची से आशा!
फिर भी जीवन की अभिलाषा!

शून्य प्रतीक्षा में है मेरी,
गिनती के क्षण की है देरी,
अन्धकार में समा जाएगा संसृति का सब खेल-तमाशा!
फिर भी जीवन की अभिलाषा!

जग ने तुझे निराश किया !

डूब-डूबकर मन के अंदर,
लाया तू निज भावों के स्वर,
कभी न उनकी सच्चाई पर जगती ने विश्वास किया!
जग ने तुझे निराश किया!

तूने अपनी प्यास बताई,
जग ने समझा तू मधुपायी,
सौरभ समझा, जिसको तूने कहकर निज उच्छ्वास दिया!
जग ने तुझे निराश किया!

पूछा, निज रोदन में सकरुण
तूने दिखलाए क्या-क्या गुण?
कविता कहकर जग ने तेरे क्रन्दन का उपहास किया!
जग ने तुझे निराश किया!

सचमुच तेरी बड़ी निराशा !

जल की धार पड़ी दिखलाई,
जिसने तेरी प्यास बढ़ाई,
मरुथल में मृगजल के पीछे दौड़ मिटी सब तेरी आशा!
सचमुच तेरी बड़ी निराशा!

तूने समझा देव मनुज है,
पाया तूने मनुज दनुज है,
बाध्य घृणा करने को यों है पूजा करने की अभिलाषा!
सचमुच तेरी बड़ी निराशा!

समझा तूने प्यार अमर है,
तूने पाया वह नश्वर है,
छोटे से जीवन से की है तूने बड़ी-बड़ी प्रत्याशा!
सचमुच तेरी बड़ी निराशा!

क्या भूलूँ, क्या याद करूँ मैं !

अगणित उन्मादों के क्षण हैं,
अगणित अवसादों के क्षण हैं,
रजनी की सूनी घड़ियों को किन-किन से आबाद करूँ मैं!
क्या भूलूँ, क्या याद करूँ मैं!

याद सुखों की आँसू लाती,
दुख की, दिल भारी कर जाती,
दोष किसे दूँ जब अपने से अपने दिन बर्बाद करूँ मैं!
क्या भूलूँ, क्या याद करूँ मैं!

दोनों करके पछताता हूँ,
सोच नहीं, पर, मैं पाता हूँ,
सुधियों के बँधन से कैसे अपने को आज़ाद करूँ मैं!
क्या भूलूँ, क्या याद करूँ मैं!

मूल्य अब मैं दे चुका हूँ !

स्वप्न-थल का पा निमंत्रण,
प्यार का देकर अमर धन,
वेदनाओं की तरी में स्थान अपना ले चुका हूँ?
मूल्य अब मैं दे चुका हूँ!

उठ पड़ा तूफान, देखो!
मैं नहीं हैरान, देखो!
एक झंझावात भीषण मैं हृदय में से चुका हूँ!
मूल्य अब मैं दे चुका हूँ!

क्यों विहँसता छोर देखूँ?
क्यों लहर का जोर देखूँ?
मैं भँवर के बीच में अब नाव अपनी खे चुका हूँ!
मूल्य अब मैं दे चुका हूँ!

तू क्यों बैठ गया है पथ पर ?

ध्येय न हो, पर है मग आगे,
बस धरता चल तू पग आगे,
बैठ न चलनेवालों के दल में तू आज तमाशा बनकर!
तू क्यों बैठ गया है पथ पर?

मानव का इतिहास रहेगा
कहीं, पुकार-पुकार कहेगा
निश्चय था गिरकर मर जाएगा चलता किन्तु रहा जीवन भर!
तू क्यों बैठ गया है पथ पर?

जीवित भी तू आज मरा-सा
पर मेरी तो यह अभिलाषा
चिता-निकट भी पहुँच सकूँ मैं अपने पैरों-पैरों चलकर!
तू क्यों बैठ गया है पथ पर?

साथी, सब कुछ सहना होगा !

मानव पर जगती का शासन,
जगती पर संसृति का बंधन,
संसृति को भी और किसी के प्रतिबंधों में रहना होगा!
साथी, सब कुछ सहना होगा!

हम क्या हैं जगती के सर में!
जगती क्या, संसृति सागर में!
एक प्रबल धारा में हमको लघु तिनके-सा बहना होगा!
साथी, सब कुछ सहना होगा!

आओ, अपनी लघुता जानें,
अपनी निर्बलता पहचानें,
जैसे जग रहता आया है उसी तरह से रहना होगा।
साथी, सब कुछ सहना होगा।

साथी, साथ न देगा दुख भी !

काल छीनने दुख आता है,
जब दुख भी प्रिय हो जाता है,
नहीं चाहते जब हम दुख के बदले में चिर सुख भी!
साथी, साथ न देगा दुख भी!

जिस परवशता का कर अनुभव
अश्रु बहाना पड़ता नीरव,
उसी विवशता से दुनिया में होना पड़ता है हँसमुख भी!
साथी, साथ न देगा दुख भी!

इसे कहूँ कर्तव्य-सुघरता
या विरक्ति, या केवल जड़ता!
भिन्न दुखों से, भिन्न सुखों से, होता है जीवन का रुख भी!
साथी, साथ न देगा दुख भी!

साथी, हमें अलग होना है !

भार उठाते सब अपने बल,
संवेदना प्रथा है केवल,
अपने सुख-दुख के बोझे को सबको अलग-अलग ढोना है!
साथी, हमें अलग होना है!

संग क्षणिक ही तेरा-मेरा
एक रहा कुछ दिन पथ-डेरा,
जो कुछ भी पाया है हमने, एक न एक समय खोना है!
साथी, हमें अलग होना है!

मिलकर एक गीत, आ गा लें,
मिलकर दो-दो अश्रु बहा लें,
अलग-अलग ही अब से हमको जीवन में गाना-रोना है!
साथी, हमें अलग होना है!

जय हो, हे संसार, तुम्हारी !

जहाँ झुके हम वहाँ तनो तुम,
जहाँ मिटे हम वहाँ बनो तुम,
तुम जीतो उस ठौर जहाँ पर हमने बाजी हारी!
जय हो, हे संसार, तुम्हारी!

मानव का सच हो सपना सब,
हमें चाहिए और न कुछ अब,
याद रहे हमको बस इतना—मानव जाति हमारी!
जय हो, हे संसार, तुम्हारी!

अनायास निकली यह वाणी,
यह निश्चय होगी कल्याणी,
जग को शुभाशीष देने के हम दुखिया अधिकारी!
जय हो, हे संसार तुम्हारी!

जाओ कल्पित साथी मन के !

जब नयनों में सूनापन था,
जर्जर तन था, जर्जर मन था,
तब तुम ही अवलम्ब हुए थे मेरे एकाकी जीवन के!
जाओ कल्पित साथी मन के!

सच, मैंने परमार्थ न सीखा,
लेकिन मैंने स्वार्थ न सीखा,
तुम जग के हो, रहो न बनकर बंदी मेरे भुज-बन्धन के!
जाओ कल्पित साथी मन के!

जाओ जग में भुज फैलाए,
जिसमें सारा विश्व समाए,
साथी बनो जगत् में जाकर मुझसे अगणित दुखिया जन के!
जाओ कल्पित साथी मन के!

विश्व को उपहार मेरा !

पा जिन्हें धनपति, अकिंचन,
खो जिन्हें सम्राट, निर्धन,
भावनाओं से भरा है आज भी भंडार मेरा!
विश्व को उपहार मेरा!

थकित, आ जा! व्यथित आ जा!
दलित, आ जा! पतित, आ जा!
स्वागतम् किसको न कहता स्वप्न का संसार मेरा!
विश्व को उपहार मेरा!

लें तृषित मरु, होंठ तेरे,
लोचनों का नीर मेरे!
मिल न पाया प्यार जिनको आज उनको प्यार मेरा!
विश्व को उपहार मेरा!

□□□